W0197833

WUNDER ITALIENS

Verlag Klaus Wagenbach Berlin

INHALT

PROLOG
Gebräuche und Sitten der Italiener

Die Italiener haben eher Gebräuche und Gewohnheiten als Sitten. Sie haben wenige Gebräuche und Gewohnheiten, die man national nennen kann, aber diese wenigen und die anderen, viel zahlreicheren, die man als provinzielle und städtische bezeichnen muß, werden eher aus Gewöhnung befolgt als infolge irgendeines National- oder Provinzgeistes oder einer Naturmacht, oder weil sie zu mißachten große Gefahr von seiten der öffentlichen Meinung mit sich bringen würde. Diese Gefahr besteht nicht, weil der öffentliche Geist jedem beinahe vollständige Freiheit läßt, sich in allem so zu verhalten, wie es ihm gefällt, ohne daß sich das Publikum daran stört.

Die Gebräuche und Sitten in Italien beschränken sich im allgemeinen darauf, daß jeder seine eigenen Gebräuche und Sitten befolgt, wie sie auch seien. Die allgemeinen und öffentlichen Gebräuche und Sitten sind, wie gesagt, nichts anderes als Gewohnheiten und werden nur aus dem allerfreiesten Willen befolgt.

Giacomo Leopardi

FRANCESCA MELANDRI
Option

»*Vofluicht no amol!*«, machte sich Hermann mit lauter Stimme Luft. »*Vofluichtes Scheisszoig!*«

Ihm war der Korb umgefallen, den er für einen Bauern zum Markt transportieren sollte, und Graukäse-Laibe in den verschiedensten Formen waren über den Boden gerollt.

Weder »*Maledizione!*« noch »*Caspita!*« hatte er geflucht, wie es die nun geltenden faschistischen Gesetze, nach denen in der Öffentlichkeit nur noch die italienische Sprache verwendet werden sollte, eigentlich vorschrieben. Und erst recht nicht »*Ostia!*« (Hostie), was zwar nicht illegal, weil italischer Herkunft, aber Gotteslästerung gewesen wäre. Nein, auf Deutsch hatte er geflucht. Oder genauer, im Dialekt. Nun kam aber gerade ein Beamter des Katasteramtes vorüber, hörte Hermann und fühlte sich aufgefordert, die römische Kultur Südtirols oder besser des Alto Adige zu verteidigen, schlug ihm mit der tintenbefleckten flachen Hand mitten ins Gesicht und riss ihm die blaue Arbeitsschürze, den Tiroler Bauernschurz, vom Leib.

Kein Deutsch in der Öffentlichkeit, keine Tiroler Trachten, keine Dirndl oder Lederhosen: Alles, was daran hätte zweifeln lassen können, dass der heilige italische Boden bis zum Brenner, der neuen Staatsgrenze, reichte, musste verschwinden. So bestimmten es die Gesetze des faschistischen Italien. Und keiner der Bauern und Knechte auf dem Markt hob den Blick oder sprang Hermann gar bei.

Doch trotz der Ohrfeige und der Demütigung, oder vielleicht auch gerade deswegen, sah man nicht lange darauf an Hermanns Hemdkragen das *cimice*, Wanze, genannte faschistische Parteiabzeichen mit dem Rutenbündel blitzen, was man im örtlichen Parteibüro mit Wohlwollen zur Kenntnis nahm. Er bekam eine Arbeit, lernte Lastwagenfahren und war nun für den Holztransport zwischen den Tälern zuständig. Und dabei drückte man auch ein Auge zu, wenn er sich mit den Waldarbeitern auf Deutsch unterhielt. Denn so weit oben, zwischen den gottverlassenen Felswänden und Steilhängen, würde sie noch nicht einmal der Duce hören können.

Einige Jahre waren vergangen, als Hermann eines Tages auf der Hauptstraße der Provinzstadt eine Schar Goldfasane erblickte: So nannte man die von der SA. Ihre Blicke waren scharf wie Klingen, darauf ausgerichtet, alles, was ihnen beim

Aufbau des glorreichen Tausendjährigen Reiches im Weg war, niederzustrecken. Wie sie da entlangmarschierten in ihren tadellosen Uniformen, aufrecht, arisch, grenzenlos deutsch, fand Hermann sie so schön wie Halbgötter.

Und er beschloss, einer von ihnen zu werden.

Mussolini hatte eine feinmaschige Italianisierung Südtirols begonnen, wobei ihm aber bald schon klar geworden war, dass es, um diese Gegend »urrömisch, südländisch, imperial« werden zu lassen, nicht genügte, den Bauern zu verbieten, Deutsch zu sprechen oder ihre landestypischen Trachten zu tragen. Und es genügte auch nicht, die Schüler in der Schule statt ihrer Muttersprache das Gedicht vom pio bove, dem »frommen Ochsen«, lernen zu lassen. Die armen jungen Lehrerinnen aus Caserta, Agrigento oder Rovigo, die man in den hohen Norden geschickt hatte, verzweifelten immer wieder an ihrer undankbaren Aufgabe, diese jungen Bauerntölpel die musikalischen Klänge der italienischen Sprache hervorbringen zu lassen. Außerdem gab es in ganz Südtirol mutige Lehrkräfte, die in den sogenannten »Katakombenschulen« trotz des Verbots heimlich weiter Deutsch unterrichteten. Es hatte auch nicht viel genutzt, alle Ortsnamen zu italianisieren. Jetzt schauten die Menschen eben auf die Kirchtürme und sahen so, wo sie waren: War es ein Zwiebelturm, wussten sie, dass Völs vor ihnen lag, war der Turm spitz, befanden sie sich in Blumau. Und Fiè, Prato Isarco und all die anderen Namen, die sich Ettore Tolomei in Mussolinis Auftrag hatte einfallen lassen, wurden außer von den Ämtern von niemandem verwendet.

Nein, wollte man dieses wunderschöne Land mit den hohen Bergen tatsächlich romanisieren, gab es nur eine Lösung: Allein Italiener durften dort noch leben. Und dazu reichte es nicht aus, wie bisher den Zustrom von Einwanderern aus anderen italienischen Regionen anzukurbeln und zu fördern, in der Hoffnung, dass die deutschsprachigen Südtiroler auf diese Weise mit der Zeit immer mehr zur Minderheit in ihrem eigenen Land würden. Nein, sie mussten wirklich fortziehen.

Hitler griff die Idee begeistert auf. Schließlich zählte es zu seinen Lieblingsbeschäftigungen, Völker zu »säubern«, indem er große Menschenmengen auf der Landkarte hin und her schob (oder vernichten ließ). Und so versprach er Mussolini, alle Südtiroler, die weiterhin deutsch bleiben wollten, würden in Großdeutschland als Brüder reinster arischer Abstammung mit offenen Armen empfangen. Jeder würde einen neuen Hof von der Größe des südlich des Brenners zurückgelassenen erhalten, Wiesen und Weiden von der gleichen Ausdehnung sowie Kühe nicht nur in der gleichen Anzahl, sondern, so behauptete die Propaganda, auch mit einem Fell in den gleichen Farben wie die Tiere, die in den Ställen ihrer Vorfahren zurückbleiben würden. Sudetenland, Galizien, Steiermark und sogar Burgund, weiter noch die endlosen Gebiete, die man den dort ansässigen slawischen Völkern abnehmen würde: die Tatra in Polen, die weite Puszta in Ungarn, bald schon auch die fruchtbare Krim. Wer Südtirol verlasse, werde fette Böden vorfinden, die nur darauf warteten, von männlich-deutscher Arbeitskraft kultiviert und so zu einem Paradies auf Erden zu werden.

Mussolini seinerseits drohte den »Dableibern«, wie sie genannt wurden, mit gewaltsamer Italianisierung: dem absoluten Verbot, Deutsch zu sprechen, selbst in den eigenen vier Wänden. Er kündigte Massendeportationen aller Südtiroler an, die sich weigerten, die italienischen, oder genauer »Römischen« (wie es großgeschrieben in den Flugblättern hieß), Sitten und Gebräuche anzunehmen – Deportationen etwa nach Sizilien, um Kaktusfeigen anzubauen, von denen kein Mensch wusste, was das für Früchte sein sollten. Die Alternative, vor die sie gestellt wurden, lautete nicht, zu gehen oder zu bleiben, sondern sich entweder zum *Walschen* oder zum *Daitschen* zu erklären, zum Italiener oder zum Deutschen. Auf italienischem Territorium deutsch zu bleiben war nicht möglich.

Fortziehen oder Dableiben wurde als freie Wahl hingestellt. Die Entscheidung zum Aufbruch aber, so verkündeten es die Flugblätter der Nationalsozialisten, würde belohnt werden als eindeutiger Beweis der Hingabe an die gewaltige Aufgabe, Großdeutschland zu schaffen. Wer seine Heimat liebe, müsse bereit sein, sie zu verlassen, um sie anderswo im Tausendjährigen Reich identisch wieder aufzubauen. Zu bleiben aber sei ein untrügliches Zeichen von Verrat, von Feigheit, von Ungehorsam gegenüber der nationalsozialistischen Idee.

So sah die Wahl aus oder genauer, die »Option«.

Kein Bauer ließ seinen Hof gern zurück, doch da sie sich als Daitsche fühlten, beschloss die große Mehrheit, sich auf den Weg zu machen. Sie »optierten«, wie es genannt wurde. Doch immer noch gab es zu viele Bauern, die sich Fragen stellten, flüsternd, abends im Schlafzimmer mit der Ehefrau: Würden sie die Weiden, die ihr Urgroßvater hundert Jahre zuvor mit Säge und Axt gerodet hatte, jemals wiedersehen? Und diese Gebiete, wo sie Kühe von der gleichen Farbe wie hier erwarteten, Höfe von der gleicher Ausdehnung, Bäume in derselben Anzahl, waren die eigentlich unbewohnt?

Und wenn nicht, wohin würden dann die Bauern ziehen, die jetzt noch dort lebten?

Der Druck auf die »Dableiber« wurde zu organisierter Verfolgung, an der Hermann mit Feuereifer teilnahm. Mit dem Segen der faschistischen Parteileitung verkrüppelte er Zugpferde, tötete Wachhunde. Beschmierte mit seinen Exkrementen die Türpfosten jener Hofbesitzer, die nicht fortzuziehen gewillt waren. Wenn er sich danach in einem Bach die Hände wusch, fühlte er sich erfüllt von einer Kraft, wie er sie noch nie erlebt hatte. In diesen Momenten waren die Scham und Verlassenheit des jungen Knechtes, der sich in der Eiseskälte vollgepinkelt hatte, fast vergessen.

Es ist das Schicksal aller Menschen, daß sie, was die Beschaffenheit ihrer eigenen Vorlieben angeht, sich selbst betrügen, um den Schmerz über die Enttäuschungen zu mildern, die das Leben für jedermann mit sich bringt.

ITALO SVEVO

DAVIDE LONGO
Aus den piemontesischen Bergen

Im Februar 1949 waren sie nach Marseille gekommen, und schon eine Woche später hatten alle eine Stelle als Tagelöhner.

Cesares Vater war Hilfsarbeiter am Hafen, der gerade gebaut wurde. Marisa, die sich aufs Kardieren und Spinnen von Wolle verstand, wurde, noch bevor sie ihre Koffer ausgepackt hatte, in der Fabrik eingestellt. Und die Mutter, die fließend Französisch sprach, arbeitete im Hotel du Bon Visage. Man hatte ihr zwei hübsche, schwarze Kleider und ein Stück Seife in die Hand gedrückt, damit sie immer tadellos bei der Arbeit erschien und sich vor den feinen Herren blicken lassen konnte.

Da Cesare erst elf war und Arme so dünn wie Spinnenbeine hatte, hatte sich der Vater darum bemüht, daß er die Grundschule besuchen konnte.

Die Schule war eine riesengroße Halle an der Straße Richtung Zementwerk. Früher war sie eine Lagerhalle für Lavendel gewesen, doch als die Parfümfabrik hatte schließen müssen, hatten die Besitzer das Gebäude an die Stadt verkauft.

Sie waren vierunddreißig in der Klasse, fast ausschließlich Italiener und Algerier, ein paar Spanier und zwei Franzosen. Die Lehrer und Mitschüler nannten Cesare nur den montagnard, weil er auch bei schönem Wetter Bergschuhe trug und weil die paar Worte, die er auf französisch konnte, durch seinen Patuà-Dialekt sehr hart klangen. Er lernte zu schweigen und lieber den süßlich-modrigen Duft des Lavendels zu schnüffeln, den der Regen aus den Mauerritzen spülte, bis man völlig benebelt war. Am Ende des Schuljahres war er durchgefallen, und der Vater besorgte ihm Arbeit auf der Baustelle.

Um sechs Uhr morgens ging's los, bis abends, wenn die Sonne unterging und man Gefahr lief, sich vor lauter Müdigkeit Beton auf die Füße zu kippen.

Die Arbeiter waren entweder Italiener oder Spanier von der Küste. Ab und zu tauchte ein Franzose auf, aber nur so lange, bis er die Erlaubnis zur Einschiffung bekam und abhauen konnte. Um zwölf hatten sie eine Stunde Mittagspause.

Er und sein Vater setzten sich immer etwas abseits, teilten sich Polenta und Tomaten, während die anderen zum Essen in die Kantine gingen. Sein Vater hatte ihm immer wieder gepredigt, wenn er ein echter Franzose werden wolle, dürfe er sich nicht mit den anderen Arbeitern abgeben. Sie sprachen auch nicht mehr Italienisch miteinander, und als sein Vater mitbekam, daß er rauchte, hatte er ihm höchstpersönlich die erste Schachtel Gitanes gekauft – wenn er schon rauchen mußte, dann wenigstens eine französische Marke.

Gegen Abend kam dann immer der Vorarbeiter und läutete die Glocke. Er griff allen in die Taschen, zählte das Werkzeug nach, erst dann verteilte er den Tagelohn. Auf dem Nachhauseweg sang der Vater ein Lied aus der Heimat, hörte aber sofort auf, wenn sie jemandem begegneten.

Sechs Jahre ging das so. Unter der Woche auf den Gerüsten am Hafen, sonntags auf einer Bank, um die einfahrenden Schiffe anzuschauen und die Kräne, die sich auf der Mole in den Himmel reckten.

1955 war der Hafen dann fertig.

Es gab eine große Einweihungsfeier mit Sekt, und eine Band spielte Va' pensiero. Er tanzte mit seiner Schwester. Der Vater dagegen saß die ganze Zeit über nur teilnahmslos da und schabte sich mit einem Messer die Hornhaut von den Händen – als hätte da schon etwas an ihm genagt.

Am nächsten Tag entließen sie zweiundachtzig Leute.

Die aus der Gegend kehrten zurück zu den Weinbergen oder auf die Lavendelfelder. Die anderen, die ein Zigeunerleben gewöhnt waren, gingen nach Athen, angeblich sollte dort ein neuer

Hafen gebaut werden. Sie selbst aber konnten keinesfalls zurück in ihre Heimat, sie hätten sich nur zum Gespött des ganzen Tals gemacht.

Der Vater fand eine Stelle als Maurer, auch wenn das in seinem Alter hieß, tagtäglich Lotto zu spielen und zu hoffen, daß er mehr als zwei Richtige hätte. Die Mutter, die im vergangenen Jahr nur halbtags als Dienstmädchen beschäftigt gewesen war, fing nun an, ganztags auf dem Fischmarkt zu arbeiten.

Die Schwester war seit zwei Jahren weder eine große Hilfe noch eine Last für die Familie gewesen. Sie war in die Altstadt gezogen und hatte einen Händler samt Fünf-Zimmer-Wohnung über dem Kurzwarenladen geheiratet. Von Zeit zu Zeit hatte sie ausrichten lassen, es gehe ihr gut, und zwar über ihr Dienstmädchen, das sie sofort eingestellt hatte, damit es ihr die Drecksarbeit abnahm.

Er selbst war einen Monat lang immer erst spät aufgestanden und dann faul durch die Stadt geschlendert. In dieser Zeit hatte er Marseille richtig kennengelernt.

Das Zentrum, wo die Männer den ganzen Nachmittag über draußen saßen. Das Arbeiterviertel Estaque, die Zementwerke und die Baracken der Algerier entlang der Eisenbahnlinie. Die schnellen und blitzblanken Autos vor den Clubs, aus denen Tag und Nacht Musik dröhnte. Die Frauen, die frühmorgens die engen Gassen hinunter zum Markt trippelten; ihre Hände waren noch geschwollen vom Vortag, unter ihre Kleider hatten sie Zeitungen gestopft, als Schutz vor der Kälte aus den mit Eis gefüllten Kühlwannen.

Als er genug von diesem Lotterleben hatte, ging er zum Hafen und bewarb sich bei der Aufsicht.

Eine Woche später meldeten sie sich. Sie fragten ihn, ob er schon achtzehn sei und schwimmen könne. Seinen achtzehnten Geburtstag hatte er erst kürzlich gefeiert, und bei der zweiten Frage hatte er so getan, als verstehe er die Sprache nicht. Der Beamte zeigte ihm, wo er unterschreiben mußte.

Am Morgen seiner Abreise begleiteten ihn alle zum Hafen, sogar seine Schwester kam, mit dem neuen Fotoapparat in der Tasche, ihr Mann wußte davon allerdings nichts. An dem Tag war es absolut windstill, und nicht einmal er, der noch nie auf dem Meer gewesen war, hatte Angst. Das Schiff sah einfach wie eines der Häuser aus der Altstadt aus, nur daß es sich jederzeit von der Erde lösen und in See stechen konnte.

Als er das sagte, mußten alle lachen.

Sie hatten sich auf die Bank gesetzt, waren eng zusammengerückt, und irgendwie spürte er, es war das letzte Mal. Dann wollten die Frauen unbedingt ein Foto von ihren beiden Männern.

MARIO DESIATI
Sehnsucht nach Apulien

Eine alte, seit vielen Jahren verlassene Glashütte war das erste Dach der Orlando in der Schweiz. Seit über zwanzig Jahren diente sie als erste Unterkunft der italienischen Emigranten, die keinen Platz zum Schlafen hatten. Der Boden war mit Glasscherben übersät, noch immer lagen sie bis in die hintersten Winkel der alten Fabrik verstreut. In der einzigen großen Halle ragten Trennwände aus Sperrholz und Wellblech auf, die hohe Decke aus Zinn und Asbest widerstand dem winterlichen Schnee und den langen, unablässigen Regenfällen, die die Nächte begleiteten. Sie widerstand dem Hagel, dem Wind, sie widerstand fast allem, nur der Kälte ergab sie sich augenblicklich. Die Kälte drang ein und setzte sich heimtückisch an den Gegenständen fest. Die Kälte der Dinge war am schwersten zu ertragen. Die Kälte der Betten, der Decken, der Stühle, die Kälte des ersten Schlucks Milch, der hart und bröcklig wie Geröll aus den Bergen die Kehle hinunterrann.

TIZIANO SCARPA
Den Venezianer machen

Mach auch du »den Venezianer«. Im zweiten Weltkrieg spielte diese Redensart auf unsere Fußballmannschaft an, »den Venezianer machen«, »es wie Venedig machen«. Die Art, wie die Venezianer Fußball spielten, war nervtötend: egoistisch, immer den Fuß am Ball, viel Dribbling und wenige Pässe, eine engstirnige Spielweise. Kein Wunder: die Fußballer waren ja in einem Gewirr aus schmalen Gassen, Sträßchen, Biegungen und Engstellen aufgewachsen. Um zur Schule zu gelangen, war der sicherste Weg immer der des Bindfadens. Und so sahen sie auch weiterhin Gassen und Plätze vor sich, wenn sie in Trikots und kurzen Hosen auf den Platz gingen und versuchten, sich aus ihrer persönlichen labyrinthischen Vorstellung zwischen Mittelfeld und Strafraum herauszuwinden.

INTERMEZZO
Welche Schande, wir haben keine Feinde!

Schon öfter habe ich von meinen Abenteuern mit Taxifahrern erzählt. Am interessantesten sind diese Abenteuer in New York, und das aus drei Gründen: Erstens gibt es dort Taxifahrer jedweder Herkunft, Sprache und Hautfarbe; auf einem Schildchen steht der Name geschrieben, und es macht immer Spaß herauszufinden, ob der Fahrer Türke, Malaie, Grieche, russischer Jude etc. ist. Viele von ihnen lassen ständig ihr Radio laufen, das sie auf einen Sender eingestellt haben, der in ihrer Sprache spricht und ihre Lieder sendet, und so ist eine Fahrt vom Village zum Central Park manchmal wie eine Reise nach Katmandu.

Zweitens wird in New York der Beruf des Taxifahrers nicht lebenslang, sondern nur zeitweilig ausgeübt, weshalb man am Steuer sowohl den Studenten wie den arbeitslosen Banker wie auch den erst kürzlich eingetroffenen Immigranten vorfinden kann. Drittens folgen die Taxifahrer aufeinander in Gruppen: Eine Zeitlang sind es überwiegend Griechen, dann allesamt Pakistani, dann Puertoricaner und so weiter. Dadurch wird es möglich, Beobachtungen über Einwandererwellen und über den Erfolg der verschiedenen Ethnien anzustellen: Verschwindet eine bestimmte Gruppe aus den Taxis, so läßt sich daraus ablesen, daß diese Leute dabei sind, ihr Glück woanders zu suchen; eine Erfolgsmeldung hat sich unter ihnen herumgesprochen, und nun versuchen sie es alle mit Tabak- oder Gemüseläden, ziehen in einen anderen Stadtteil und steigen eine Stufe der sozialen Leiter hinauf. Infolgedessen, sieht man von den individuellen Charakter- und Mentalitätsunterschieden ab (es gibt den Hysteriker, den fidelen Knaben, den politisch Engagierten, den Anti-Irgendwas und so weiter), ist das Taxi ein hervorragender Ort für soziologische Studien.

Neulich bin ich an einen dunkelhäutigen Typ mit schwer entzifferbarem Namen geraten, und da hat er mir erklärt, er sei Pakistani. Dann fragte er mich, woher ich käme (in New York kommt man immer von irgendwo anders her), und als ich sagte, ich sei Italiener, begann er mich auszufragen. Er schien sehr interessiert an Italien, aber nach einer Weile begriff ich, daß er es nur war, weil er überhaupt nichts davon wußte, weder wo es liegt, noch welche Sprache man dort spricht (gewöhnlich schaut der Taxifahrer erstaunt, wenn man ihm sagt, daß in Italien Italienisch gesprochen wird, da er inzwischen meint, es werde überall Englisch gesprochen).

Ich gab ihm die knappe Beschreibung einer langgestreckten Halbinsel mit Bergen in der Mitte und viel Küste ringsum und vielen schönen Städten. Er fragte, wie viele wir seien, und war erstaunt über die geringe Zahl. Dann wollte er wissen, ob wir alle weiß oder auch gemischtrassig seien, und ich versuchte, ihm eine Vorstellung von einem Land zu geben, in dem ursprünglich nur Weiße lebten, jetzt aber auch einige Schwarze, freilich nicht so viele wie in Amerika. Natürlich wollte er auch wissen, wie viele Pakistani in Italien leben, und es verdroß ihn zu hören, daß es zwar einige seien, aber weniger als Filipinos oder Afrikaner, und er muß sich gefragt haben, warum Italien von seinen Landsleuten gemieden wird. Ich beging den Fauxpas, ihm zu sagen, daß es in Italien auch nicht viele Inder gebe, und er sah mich entrüstet an: Wie konnte ich zwei so grundverschiedene Völker in einem Atemzug nennen und so zutiefst minderwertige Leute auch nur erwähnen!

Schließlich fragte er mich, wer unsere Feinde seien. Auf mein »Wie bitte?« erklärte er mir geduldig, er wolle wissen, mit welchem Volk wir zur Zeit im Krieg lägen, wegen territorialer Ansprüche, ethnischer Haßgefühle, ständiger Grenzverletzungen und so weiter. Ich sagte ihm, daß wir mit niemandem im Krieg lägen. Geduldig setzte er mir auseinander, er wolle wissen, wer unsere historischen Feinde seien, unsere Erbfeinde, also diejenigen, die uns umbrächten und wir sie. Ich sagte nochmals, daß wir keine hätten, daß wir den letzten Krieg vor über fünfzig Jahren geführt hatten, schon damals übrigens ohne genau zu wissen, wer unsere Feinde und wer unsere Verbündeten waren. Er war nicht zufrieden, er gab mir klar zu verstehen, daß er mich für einen Lügner hielt. Wie kann es sein, daß ein Volk keine Feinde hat?

Unsere Fahrt war zu Ende, ich gab ihm beim Aussteigen zwei Dollar Trinkgeld, um ihn für unseren trägen Pazifismus zu entschädigen, dann widerfuhr mir, was die Franzosen »esprit d'escalier« und die Deutschen »Treppenwitz« nennen: wenn einem draußen auf der Treppe, nachdem man mit jemandem gesprochen hat, plötzlich die richtige Antwort einfällt, auf die man vorher nicht gekommen war.

Ich hätte ihm sagen sollen, es ist gar nicht wahr, daß die Italiener keine Feinde haben. Sie haben keine äußeren Feinde, und jedenfalls sind sie nie imstande, sich darüber zu einigen, wer ihre Feinde sein könnten, weil sie pausenlos Krieg führen, aber im Innern. Die Italiener führen gegeneinander Krieg, früher Stadt gegen Stadt, Häretiker gegen Rechtgläubige, dann Klasse gegen Klasse, Partei gegen Partei, Parteiflügel gegen andere Flügel derselben Partei, dann Region gegen Region und schließlich Regierung gegen Justiz, Justiz gegen ökonomische Macht, öffentlich-rechtliches Fernsehen gegen privates Fernsehen, Koalitionspartner gegen Partner derselben Koalition, Abteilung gegen Abteilung, Zeitung gegen Zeitung.

Ich weiß nicht, ob er mich verstanden hätte, aber wenigstens hätte ich mir die Blamage erspart, als Angehöriger eines Volkes ohne Feinde dazustehen.

Umberto Eco

Der Mensch muß sich nicht auf eine einzige Sache heften, denn da wird er toll: man muß tausend Sachen, eine Konfusion im Kopfe haben.

(So berichtet es GOETHE in seiner ›Italienischen Reise‹ von einem »Italiener, einem wahren Repräsentanten seines Volkes«)

CARLO EMILIO GADDA
Urväterrisotto. Rezeptur

Zur Zubereitung eines guten Risotto nach Mailänder Art ist Qualitätsreis erforderlich, etwa vom Typ Vialone, großkörnig und etwas runder als das Korn vom Typ Carolina, welches länglich, fast spindelförmig ist. Ein Reis, der nicht völlig geschält ist, also nicht ganz vom Perikarp befreit ist, genießt die Gunst der piemontesischen und lombardischen Kenner, der Landwirte selber, für ihre eigene private Küche.

Klassisches Kochgefäß für den Risotto auf Mailänder Art ist die runde oder auch ovale Kasserolle aus verzinntem Kupfer mit Eisengriff: die alte und schwere Kasserolle, von der man seit einiger Zeit nichts mehr gehört hat: kostbares Ausstattungsstück der weiträumigen Küche.

Die Kasserolle, mit der Linken mittels Filzlappen am Stiel übers Feuer gehalten, empfange nun Schnitze oder feingehackte Stückchen zartester Zwiebel, und einen viertel Schöpflöffel Brühe, am besten kochend, und Fleisch vom Rind: und erstklassige Butter aus Lodi. Butter, *quantum prodest*, nachdem man die Zahl der Tischgenossen kennt. Beim ersten Brutzeln dieses maßvollen, butterig-zwiebligen Gemenges wird in kleinen, wiederholten Portionen der Reis beigefügt: nach und nach, bis zu einer Menge von zwei oder drei Handvoll pro Person, je nach dem voraussichtlichen Appetit der Tafelnden: auch darf die wenige Brühe nicht von selber den Prozeß des Kochens einleiten: der Kochlöffel (nun aus Holz) bekommt jetzt zu tun: rühren, rühren und nochmals rühren. Die Körner müssen sich ganz leicht bräunen und härten am Grund des verzinnten Bodens, der in dieser Phase des Rituals glüht, sie dürfen jedoch ihre eigne »Persönlichkeit« nicht verlieren; sich nicht verkleben und verklumpen.

Butter, *quantum sufficit,* nicht mehr, darf ich bitten: sie darf nicht schwimmen, darf keine schmutzige Brühe werden: jedes Korn soll sie fetten, nicht aber ersäufen. Der Reis muß, so sagte ich, überm Boden des Topfs hart werden. Dann, nach und nach, schwillt er wieder an und kocht, weil man nach und nach die Brühe beigibt, wobei ihr behutsam und emsig sein solltet: gebt nur hin und wieder Brühe hinzu, zu Beginn zwei halbe Schöpflöffel aus einem beiseitestehenden Topf. In dem habt ihr das Safranpulver schon aufgelöst, das so lebhaft ist, so unvergleichlich anregend für den Magen: aus getrockneten Staubfäden, die dann sorgsam gemahlen, wird es gewonnen. Für acht Personen zwei Kaffeelöffel voll. Die safranbereicherte Brühe muß eine mandaringelbe Farbe angenommen haben: so daß der Risotto, nach vollendeter Kochzeit, zwanzig, zweiundzwanzig Minuten, orangegelb erscheinen muß. Am wichtigsten ist, daß man sein Gemüt dem Ritual in Furcht der Götter zuwende, in Verehrung des ehrwürdigen Asklepios, und für den geheiligten Risotto Ingredienzien von erster Qualität verwende.

Der Risotto auf Mailänder Art darf nicht verkocht sein, pfui Teufel, nein!, nur ein klein wenig feuchter als körnig soll er auf den Teller kommen: das Korn zwar durchtränkt und geschwellt von den obengenannten Säften, aber jedes Korn einzeln, nicht an seine Genossen gepappt, nicht aufgeweicht zu Brei und Pamps, der niemandem gefiele. Geriebener Parmesan wird von den guten Risottoköchen kaum als zulässig erklärt, denn er würde die Mailändische Nüchternheit und Eleganz verherzhaften.

GIORGIO BASSANI
Die Passeggiata

Noch heute ist es in Ferrara nicht selten, daß man beim Herumstöbern in einem Kramlädchen Ansichtskarten findet, die gut ein halbes Jahrhundert alt sind. Eine dieser Karten zeigt den Corso Giovecca, die Hauptverkehrsader der Stadt, wie sie, gegen Ende des vergangenen Jahrhunderts aussah. Um diese Aufnahme zu machen, hatte sich der Photograph mit seinem Stativ auf dem Bürgersteig aufstellen müssen – gegenüber der im Bild sichtbaren Straßenseite, wo im Schutz der großen Markisen mit ihren flatternden Fransen in Reihen die Tische und Korbsessel des nun schon seit Jahren verschwundenen *Gran Caffè Zampori* standen. Weiter rechts, im Schatten, erhebt sich, gleichsam als Kulisse, das Städtische Theater, während auf der linken Seite des Bildes alles Licht liegt – das goldene Licht einer Abenddämmerung im Frühling. Hier sind die Bauten niedrig, nur einstöckige Häuser mit braunen Ziegeldächern, und im Erdgeschoß hier und da ein kleiner Laden (eine Lebensmittelhandlung, ein Kohlenlager und eine Roßschlächterei); es sind armselige Häuser, die 1930, als man beschlossen hatte, an dieser Stelle den gewaltigen Palast der *Assicurazioni Generali* aus römischem Travertin zu errichten, erbarmungslos abgebrochen wurden.

Auch der Corso Giovecca selbst, der wie ein breiter, in perspektivischer Verkürzung gesehener Strom den mittleren Platz auf der Ansichtskarte einnimmt, ist recht verschieden von seiner heutigen Gestalt. Heute ist er, würdig einer großen Stadt, prachtvoll asphaltiert. Er ist ein langer, imposanter Boulevard, so breit und sauber, daß er die Farbe des Himmels zurückwirft. Von den Trambahnschienen und den weißen Fahrdämmen, auf denen Kaleschen und Fahrräder fuhren, ist schon lange keine Spur mehr zu sehen. Wer weiß, was aus dem Eisen der Straßenbahnschienen geworden ist; vielleicht hat sie wie so vieles andere der letzte Krieg verschluckt. Die großen Pflastersteine aber, die als Markierung des Fahrwegs gedient hatten – zwei parallel verlaufende Doppelstreifen neben den Straßenbahnschienen –, wurden vor einigen Jahren auf eine Wiese vor der Stadt gebracht, wo sie liegenblieben und bald mit Moos bewachsen waren.

Die Ansichtskarte ist, wie gesagt, der Abzug einer Photographie, und er gibt uns nicht nur darüber Auskunft, wie der Corso Giovecca gegen Ende des

19. Jahrhunderts aussah (eine breite Fahrstraße, voll von Kieselsteinen und so uneben wie das Bett eines Gießbachs – vielleicht erscheint deshalb unsere *Main Street* auf der Karte so viel lebhafter und verkehrsreicher als heute), sondern auch über das Leben, wie es sich in dem Augenblick, als der Photograph knipste, überall auf dem Corso abspielte: von der Ecke rechts mit dem Caffè Zampori, nur wenige Meter vom Standort des Photographen mit seinem Stativ, bis dort hinten, wo die schrägen Strahlen der Nachmittagssonne in der Ferne die rosafarbene Fassade der aus dem 18. Jahrhundert stammenden *Prospettiva* deutlich hervorheben, an die sich nur noch, unsichtbar für den Betrachter, die grüne Böschung des Stadtwalls anschloß.

Eine geringfügige Figur im Bilde dieses Lebens, an das heute kaum eine Erinnerung geblieben ist (das Bild ist übrigens an Einzelheiten nur im Vordergrund reich: da ist der Friseurgehilfe, der in der offenen Ladentür steht und in den Zähnen stochert; da ein Hund, der vor dem Eingang zur Roßschlächterei den Bürgersteig beschnüffelt – wahrscheinlich hat er eingetrocknete Blutspuren gefunden –; ein Schuljunge läuft über die Straßenkreuzung, und ein Herr in mittleren Jahren, im Gehrock und mit steifem Hut, schiebt mit erhobenem Arm den Vorhang vor dem Caffè Zampori zurück; ein prächtiges Viergespann, das des Herzogs Costabili vielleicht, der sich vor ein paar Monaten mit seiner Familie aus Rom in die Provinz zurückgezogen hat, nähert sich und schickt sich an, hinter dem Rücken des Photographen in scharfem Trab die sogenannte *Salita del Castello*, die Auffahrt zum Kastell, zu nehmen; aber je weiter der Blick den Corso Giovecca verfolgt, desto mehr verlieren Menschen und Dinge, eingehüllt in eine Art leuchtenden Staubs, Umriß und Gestalt) – eine geringfügige Figur also im Bilde der Hauptverkehrsader unserer Stadt an einem Spätnachmittag irgendwann im Mai gegen Ende des vorigen Jahrhunderts ist das junge Mädchen von etwa zwanzig Jahren, das sich in dem Augenblick, da der Photograph seine Aufnahme machte, auf dem linken Bürgersteig des Corso Giovecca mit raschen Schritten zum verschwimmenden Stadtrand hin entfernte.

Der Teil des Tages hatte begonnen, welcher der Stunde des Abendessens vorangeht. Es war jener köstliche Augenblick, in dem die Luft Abkühlung bringt und sich die Nerven entspannen, jener Augenblick, in dem es die Bürger der Stadt, Angehörige der verschiedensten Stände, seit undenklichen Zeiten gewohnt sind, ihr Haus oder ihre Arbeitsstätte zu verlassen und auf den breiten Bürgersteigen des Corso Giovecca zu flanieren, bis die Straßenlaternen angezündet werden.

INTERMEZZO
Der pfeifende Bäckerjunge

Früher war der Bäckerjunge einmal eine Gestalt, die stets fröhlich war: eine Fröhlichkeit, die ihm förmlich aus den Augen sprühte. Er machte pfeifend seine Runde durch die Straßen. Niemand konnte sich seiner Lebensfreude entziehen. Er war sehr viel ärmlicher gekleidet als heute: die Hosen voller Flicken, das Hemd oft nur noch ein Fetzen. Doch all das gehörte zu einem kulturellen Modell, das in seinem Milieu einen Wert, einen Sinn hatte. Und er war stolz darauf. Der Welt des Reichtums hatte er seine Welt, mit eigenen Werten, entgegenzusetzen. Vor allem: Dieser Junge war fröhlich.

Das, was wirklich zählt – ist das etwa nicht das Glück? Wofür macht man denn die Revolution, wenn nicht um glücklich zu sein? Das bäuerliche und subproletarische Leben vermochte noch eine Art »realen« Glücks in den Leuten auszudrücken. Heute ist dieses Glück der »Entwicklung« zum Opfer gefallen; was bedeutet, daß diese Entwicklung nicht im mindesten revolutionär ist, selbst da nicht, wo sie reformistisch vorgeht. Sie schafft nichts als Angst.

Der Ernst, das würdevolle Benehmen sind widerwärtige Normen, die sich die Kleinbürger selbst auferlegen; und deshalb sind sie froh, wenn sie sehen, wie auch die Jugendlichen aus dem Volk sich »ernst und würdevoll« benehmen. Sie sind überhaupt nicht fähig, sich vorzustellen, worin deren wahre Degradierung besteht: Diese Jugendlichen sind traurig, weil sie – nachdem ihre Werte und ihre kulturellen Modelle zerstört wurden – sich ihrer gesellschaftlichen Unterlegenheit bewußt geworden sind.

Pier Paolo Pasolini

CARLO M. CIPOLLA
Schluss mit dem Handel

Kurz nach 1340 erklärte der englische König seinen Bankrott und ließ seine florentinischen Bankiers wissen, daß er seine Schulden nicht zu tilgen gedächte. Für die Florentiner war das ein vernichtender Schlag und mehr noch als das. Vom psychologischen Standpunkt aus erlitten sie einen wirklichen und wahrhaftigen Schock. Wenn man in der Geschäftswelt schon einem englischen Gentleman nicht mehr vertrauen konnte, wem, zum Teufel, konnte man dann überhaupt noch vertrauen? Die Florentiner zogen daraus die logischen Konsequenzen: Sie machten Schluß mit dem Handel und dem Bankgewerbe und widmeten sich fortan der Malerei, der Kultur und der Dichtkunst.

MARIO LUZI
Der Monte Amiata

Von Siena her gesehen, ist der Monte Amiata eine gewaltige und zarte, aschgraue Form, die in die leeren und windzerzausten Räume einsinkt, die die Stadt umgeben. Die Mädchen in den Internaten, die Schüler in den Klassenzimmern der Schulen, die fast alle an den äußersten Rändern des Wohngebietes liegen, treten oft ans Fenster, lehnen die Stirn an die Scheiben und verweilen, um ihn zu betrachten. Manche sind von dort, und für sie wimmelt seine ferne, massige Gestalt, einsam im Blau der tiefen Region, von alten Dorfgeschichten; für andere ist er ein Geheimnis. Nicht umsonst liegt dazwischen das riesige und unwirkliche Orcia-Tal mit seinem urbar gemachten Lehmboden, den weiten Saatfeldern, dem Brachland, mit der ständigen Bewegung der Anhöhen, die den Himmel einnehmen und freigeben: während die Farbe der Erde von allerfeinstem, verbranntem bläulichem Grau ist, so daß das nicht absorbierte Licht sich in violetten Schwingungen darauf ausbreitet, die sich jenseits der letzten, fernen Silhouetten verlieren und das Gefühl von Weite und Einsamkeit verstärken. Eine Erde, die wirkt wie der tiefe Grund des Gedächtnisses oder ein Ort des Traums, wo ein dunkel erregter Sinn den Schauer eines geheimnisvollen Lufthauchs verspürt.

Doch der Monte Amiata ist ein viel irdischeres Reich: sein überaus hoher Kegel, dicht bestanden mit Buchen und ganz unten mit Kastanien, läuft aus in sanften und steil gekrümmten Abhängen, die in ihrer Bewegung Mulden und enge, tiefe kleine Täler formen, wo sich, bei Wasserreichtum, dichte, frisch sprießende Pflanzungen einschleichen oder, bei Trockenheit, Weinstöcke und Olivenhaine gedeihen; im Süden läuft er in unfruchtbare Wälle aus, die die Maremma überblicken, und dort herrscht die große Eiche vor, zwischen Fleckchen bescheidenerer Kastanienhaine, und auch wieder der Olivenbaum, der Weinberg und in den schattigen Erdfalten der Gemüseanbau. Dort, wo der Blick begrenzt ist, kann man nichts Lieblicheres finden: die vollkommene Frische des grünen Gewirrs von kleinen Tälern, wo der Landmann die Pergola richtet, Selleriestauden und Salatköpfe gießt mit dem Wasser des Brunnens oder der primitiven Wasserleitung, während weiter oben der große mediterrane Sommer auf den Steilhang der ganz mit einem Gespinst aus Sonnen- und Schattenflecken überzogenen Straße brennt, dieser Anblick nimmt deutlich Sinne und Seele gefangen und erneuert das uralte Thema von Seligkeit und ländlichem Müßiggang. Wo der Horizont offener ist und der Blick sich in den blauen Breiten des Sieneser Landes verliert, oder auf der anderen Seite in den trostlosen, so weit wie das Auge reichenden Ausläufern zur Maremma, zwischen denen sich die mageren Gebirgsbäche Albegna und Fiora schlängeln, da ruft die bedrohliche Nähe von soviel Raum eine gewisse Schwermut in der Seele wach.

Es gibt nur wenige Bauernhäuser dort; selten ist das wenige bebaubare Land, im allgemeinen den Kastanien oder den Eichenwäldern abgerungen, in Höfe aufgeteilt. Öfter handelt es sich um kleine Stücke, denn da, wo es fruchtbar ist, möchte jeder ein eigenes haben und es mit Sorgfalt und großer Liebe bebauen, mit dem Gefallen an Eigentum und der Leidenschaft für Land, die Leuten eigen ist, denen es an Land mangelt. Sie wohnen alle in den Dörfern, die auf sechs- bis achthundert Metern Höhe den Berg wie einen Ring umschließen oder auf seinen äußersten Hängen in vorderster Front stehen: manche haben auch einen Beruf, sie sind Schuster, Schneider oder Barbier, doch wenn es Zeit ist für die Landarbeit, kommen auch sie, rittlings auf dem Esel sitzend, zu ihrem winzigen Grundstück herunter und kehren bei Anbruch der Nacht mit Körben und Grasbüscheln beladen zurück. Dann hallt das Pflaster der alten Dörfer vom Hufgetrappel wider, während wenige schroffe Grußworte ausgetauscht werden, wie unter Leuten, die der gleichen Familie angehören und demselben Schicksal unterworfen sind. Erst später, beim abendlichen Treffen in den großen verräucherten Küchen auf dem Dorfplatz oder in der Schenke wird die Unterhaltung reger, in jener klaren und starken Sprache, die dennoch in ihrer rituellen Weise den Ausdruck eines lebhaften und scharfsinnigen Geistes gestattet, der ebenfalls rituell ist, mehr dem Volksstamm als dem einzelnen eigen. Aus ihren Unterhaltungen entsteht das Dorf wie ein Universum im dichten Netz seiner Verwandtschaften, in der Tiefe der Generationen, die in seinen grauen Häusern aufeinander gefolgt sind, in der Geschichte der Besitztümer, in den Schwankungen des Glücks der Familien, in den Krankheiten, den Geburten, den Toden, seinen sagenhaften Greisen; und alles wird als Ritus betrachtet, als Tribut, der dem Leben und der Zeit zusteht. Und wieviel bedeutet zum Beispiel die Pflege der Kranken, die Totenwache, wenn alle, die Gevatterinnen, die Männer und sogar die Kinder, die richtigen Worte des Ritus zu finden wissen, die rituell mit jenem innigen Mitleid trösten, das nicht aus dem Herzen kommt, sondern aus der uralten und kummervollen Religion der Gattung.

Am Morgen oder um die Mittagsstunde herrscht großes Schweigen, nur unterbrochen vom Hämmern des Schmiedes, vom Kreischen des Sägewerkes, vom Gesang einer Frau; im dichten Schatten, den das unverputzte Haus aus nachgedunkeltem Stein wirft oder der Kastanienbaum oder die darüberliegende kleine Anhöhe aus jener mit Pflaumenbäumen und jungen Eichen dichtbestandenen roten Erde, könnt ihr die Alte am Spinnrad sehen, und daneben den an den Ring oder den Pflock gebundenen Esel, während der Brunnen beständig Wasser speit: in der Sonne die Roste mit den zum Trocknen ausgelegten Feigen, die Gefäße mit den Konserven, die Maiskolben auf der Matte oder dem Leinentuch.

Der in der Stadt aufgewachsene Junge ist bezaubert in dieser Welt, wo ihm nichts fremd ist, wo ihm alle Häuser gleichermaßen offenstehen; und er sieht, daß die Taten des Menschen einen Sinn, klar und umrissen eine Ursache und ein Ende haben zwischen wenigen atavistischen Gegenständen und Bildern, zwischen wenigen wesentlichen Leidenschaften, die stets lebendig bleiben: und er möchte gar nicht mehr fort: nie zuvor schien ihm die Erde so wahrhaftig Erde, der Wein Wein, die Freundschaft, die Verwandtschaft so wahrhaft Freundschaft und Verwandtschaft in der gemeinsamen Bescheidenheit aller, wo sogar Armut ohne Bitterkeit sein kann. Der Junge aus dem Dorf dagegen träumt davon, in die Stadt zu entkommen, wie es schon viele vor ihm getan haben, manchmal mit einem gewissen Gewinn; doch auf jeden Fall wird er sich nicht wirklich lösen können, er wird auch weiterhin Teil der lebendigen Gemeinschaft sein, wird sie in seinen Gedanken tragen, wird im ununterbrochenen Gedächtnis des Dorfes bleiben, das alles überliefert, ohne irgend etwas zu verlieren. Bis jetzt erleben der eine wie der andere ihre vollkommene Erdverbundenheit: sie erforschen die Steilhänge, verbergen sich im Laub des Unterholzes oder schlüpfen durch winzige Holztore in den Weinberg, in das Gärtchen, wo das Wasserbecken unter den grünen Zweigen hervorlugt und Früchte sie zur Mahlzeit verlocken. Wenn dann die tiefen Schatten in Bewegung gekommen und dunkelblau geworden sind, kehren sie zurück und machen auf dem Platz h alt, reihen auch sie sich ein in den Kreis um die feierlichen Alten, die, unter dem noch entflammten Himmel auf dem Mäuerchen oder auf den Stufen der Freitreppe sitzend, Geschichten aus anderen Zeiten erzählen und die alte und ewige Weisheit des Menschengeschlechtes weitergeben.

INTERMEZZO
Von den Glühwürmchen

Anfang der sechziger Jahre begannen aufgrund der Luftverschmutzung und, vor allem auf dem Land, aufgrund der Verschmutzung des Wassers (der blauen Flüsse und der klaren Bäche) die Glühwürmchen zu verschwinden. Eine Entwicklung, die mit blitzartiger Geschwindigkeit vor sich ging. Wenige Jahre später gab es die Glühwürmchen nicht mehr. (Heute sind sie nur noch eine schmerzliche Erinnerung an die Vergangenheit, und wer von den Älteren diese Erinnerung noch hat, kann in der heutigen Jugend seine eigene Jugend nicht mehr erkennen, und so fehlt ihm auch das schöne Bedauern von einst.) Dieses »Etwas«, das vor etwa zehn Jahren geschah, werde ich also im Folgenden »das Verschwinden der Glühwürmchen« nennen.

Pier Paolo Pasolini

NATALIA GINZBURG
Die kaputten Schuhe

Meine Schuhe sind kaputt, und die Schuhe der Freundin, mit der ich in diesem Augenblick lebe, sind ebenfalls kaputt. Wenn wir zusammen sind, sprechen wir oft über Schuhe. Wenn ich mit ihr über die Zeit spreche, in der ich eine berühmte alte Schriftstellerin sein werde, fragt sie mich sofort: »Was für Schuhe wirst du haben?« Dann sage ich zu ihr, daß ich Schuhe aus grünem Wildleder haben werde, mit einer großen Goldschnalle an der Seite.

Ich gehöre zu einer Familie, in der alle solide und heile Schuhe haben. Meine Mutter hat sich sogar extra ein Schränkchen anfertigen lassen müssen, um die Schuhe darin aufzubewahren, so viele Paare hatte sie. Wenn ich zu ihnen zurückkehre, erheben sie beim Anblick meiner Schuhe vor Empörung und Schmerz ein großes Geschrei. Ich aber weiß, daß man auch mit kaputten Schuhen leben kann. Zur Zeit der Deutschen war ich allein hier in Rom, und ich besaß nur ein einziges Paar Schuhe. Wenn ich sie zum Schuster gebracht hätte, hätte ich zwei oder drei Tage im Bett bleiben müssen, und das war mir nicht möglich. So trug ich sie weiterhin, und obendrein regnete es, ich spürte, wie sie sich langsam auflösten, weich und unförmig wurden, und ich spürte die Kälte des Pflasters unter den Fußsohlen. Darum sind meine Schuhe auch jetzt immer kaputt, weil ich mich an jene erinnere und sie mir im Vergleich gar nicht so kaputt vorkommen, und wenn ich Geld habe, gebe ich es lieber für etwas anderes aus, weil ich Schuhe nicht mehr für etwas Wesentliches halte. Ich war durch das frühere Leben verwöhnt, stets von zärtlicher und achtsamer Zuneigung umgeben gewesen, aber in jenem Jahr hier in Rom war ich zum ersten Mal allein, und darum ist Rom mir teuer, wenn auch beladen mit Geschichte für mich, beladen mit angstvollen Erinnerungen, wenig süßen Stunden. Auch meine Freundin hat kaputte Schuhe, und deshalb passen wir gut zusammen. Meine Freundin hat niemanden, der ihr Vorwürfe macht wegen der Schuhe, die sie trägt, sie hat nur einen Bruder, der auf dem Land lebt und mit Jägerstiefeln durch die Gegend läuft. Sie und ich wissen, was geschieht, wenn es regnet und die Beine nackt und naß sind und das Wasser in die Schuhe fließt, es gibt dann bei jedem Schritt dieses kleine Geräusch, diese Art Schmatzen.

Meine Freundin hat ein blasses, männliches Gesicht und raucht mit einer schwarzen Zigarettenspitze. Als ich sie zum ersten Mal sah, an einem Tisch sitzend, mit Schildpattbrille und ihrem geheimnisvollen, hochmütigen Gesicht, die schwarze Zigarettenspitze zwischen den Zähnen, dachte ich, daß sie aussähe wie ein chinesischer General. Da wußte ich noch nicht, daß ihre Schuhe kaputt waren. Das erfuhr ich später.

Wir kennen uns erst seit wenigen Monaten, aber es ist, als wären es viele Jahre. Meine Freundin hat keine Kinder, ich dagegen habe Kinder, und für sie ist das seltsam. Sie hat sie nie gesehen, außer auf dem Photo, weil sie bei meiner Mutter in der Provinz sind, und auch das ist überaus seltsam zwischen uns, daß sie meine Kinder nie gesehen hat. In gewissem Sinne hat sie keine Probleme, kann der Versuchung nachgeben, das Leben vor die Hunde gehen zu lassen, ich dagegen kann das nicht. Meine Kinder leben also bei meiner Mutter, und bis jetzt sind ihre Schuhe nicht kaputt. Aber wie werden sie als Männer sein? Ich meine: Was für Schuhe werden sie als Männer haben? Welchen Weg werden sie wählen für ihre Schritte? Werden sie beschließen, aus ihren Wünschen all das zu verbannen, was angenehm, aber nicht notwendig ist, oder werden sie behaupten, daß alles notwendig ist und daß der Mensch das Recht hat, solide und heile Schuhe an den Füßen zu haben?

Meine Freundin und ich unterhalten uns lange über diese Dinge, und darüber, wie die Welt dann sein wird, wenn ich eine berühmte alte Schriftstellerin bin und sie um die Welt reisen wird mit einem Rucksack auf dem Rücken, wie ein alter chinesischer General, und meine Söhne ihren eigenen Weg gehen werden, mit heilen, soliden Schuhen an den Füßen und dem festen Schritt dessen, der nicht verzichtet, oder mit kaputten Schuhen und dem breiten, lässigen Schritt dessen, der das weiß, was nicht notwendig ist.

Manchmal stiften wir Ehen zwischen meinen Kindern und den Kindern ihres Bruders, des Bruders, der mit Jägerstiefeln auf dem Land durch die Gegend läuft. So unterhalten wir uns bis spät in die Nacht und trinken schwarzen, bitteren Tee. Wir haben eine Matratze und ein Bett, und jeden Abend losen wir aus, wer von uns beiden im Bett schlafen soll. Morgens, wenn wir aufstehen, erwarten uns unsere kaputten Schuhe auf dem Teppich.

Meine Freundin sagt zuweilen, sie habe es satt zu arbeiten und würde ihr Leben am liebsten vor die Hunde gehen lassen. Sie würde sich am liebsten in eine Kneipe einschleichen, um alle ihre Ersparnisse zu vertrinken, oder sich ins Bett legen und an nichts mehr denken und zulassen, daß sie kommen, um ihr das Gas und das Licht abzustellen, zulassen, daß alles ganz langsam verkommt. Sie sagt, daß sie es tun wird, wenn ich abgereist bin. Denn unser Zusammenleben wird von kurzer Dauer sein, bald werde ich abreisen und zu meiner Mutter und meinen Kindern zurückkehren, in ein Haus, wo es mir nicht erlaubt sein wird, kaputte Schuhe zu tragen. Meine Mutter wird sich meiner annehmen, wird mich daran hindern, Sicherheitsnadeln anstelle von Knöpfen zu verwenden und bis spät in die Nacht zu schreiben. Und ich meinerseits werde mich meiner Kinder annehmen, die Versuchung überwindend, mein Leben vor die Hunde gehen zu lassen. Ich werde wieder ernst und mütterlich werden, wie es mir stets geschieht, wenn ich mit ihnen zusammen bin, eine andere Person als jetzt, eine Person, die meine Freundin überhaupt nicht kennt.

Ich werde auf die Uhr schauen und die Zeit berücksichtigen, aufmerksam auf alles achten und aufpassen, daß meine Kinder stets warme, trockene Füße haben, weil ich weiß, daß es so sein muß, soweit es möglich ist, zumindest in der Kindheit. Vielleicht ist es, um später zu lernen, mit kaputten Schuhen herumzulaufen, sogar gut, als Kind trokkene, warme Füße zu haben.

LUIGI MALERBA
Sightseeing in Rom

Die Fremdenführerin erklärte den Schweizer Touristen, die nach Rom gekommen waren, um die Stadt zu besichtigen, daß das Straßennetz im antiken Rom etwa vier Meter tiefer gelegen hätte als dasjenige, auf dem die Menschen heute gehen und die Autos fahren. Die Schweizer Touristen wollten das nicht glauben und fragten, wieso der Boden, statt vom ständigen Draufherumlaufen abzunehmen, um vier Meter steigen konnte. Die Fremdenführerin erklärte ihnen, daß das Straßenniveau jetzt deshalb höher sei, weil im Laufe der Jahrhunderte Mauerreste, Menschenspucke, Zigarettenkippen, Altpapier, Flaschenscherben, Orangenschalen, Kirschkerne, Trambahnscheine, Streichholzschachteln, Hundekot und Katzenscheiße auf den Boden gefallen wären.

Die Schweizer Touristen wollten das nicht glauben. Sie waren entsetzt und sagten alle zusammen, daß so etwas in der Schweiz nie vorkommen könnte, weil bei ihnen nie jemand etwas auf den Boden würfe und weil sie einfach wüßten, wie man eine Stadt sauber hält.

»Wir Römer sind vielleicht große Schweine«, sagte die Fremdenführerin, die eine Römerin war und sich gekränkt fühlte, »aber wir haben Rom gebaut – und ihr?«

Alle Übel in Italien kommen von Rom, und das begann schon vor zweitausendfünfhundert Jahren. Von Rom, dieser ungeheuerlichen Macht und Gewaltmacht, von diesem in der Weltgeschichte vielleicht einzigartigen Beispiel für Zentralgewalt: eine Stadt, nach deren Namen ein Weltreich, eine Sprache, eine Kultur und schließlich eine Religion benannt wurden!

MARIO SOLDATI

RAFFAELE LA CAPRIA
Die Neapolitaner

Was ist es, das Neapel von anderen italienischen Städten und von jeder anderen Stadt in Europa unterscheidet? In den anderen Städten gibt es Arme, das Subproletariat, das gemeine Volk. Doch in Neapel – so hat Montesquieu geschrieben – *»le peuple est bien plus peuple qu'un autre« (»Ist das Volk wohl mehr Volk als irgendein anderes.«)*, in Neapel gibt es kein Volk, dort gibt es die Plebs. In anderen Städten, italienischen und europäischen, gibt es ein Viertel der Armen, in Neapel hingegen lebt die antike Stadt fort, wie Pompeji oder Babylon oder Alexandria, und eine Lebensweise, die der einer Stadt des Altertums ähnelt. Die Einwohner dieser antiken Stadt leben im Herzen und in den Eingeweiden von Neapel, im elenden Gewühl der Gassen und engen Straßen der Altstadt, sie haben ihre Wesensart und ihren Dialekt bewahrt und sind sich in all den Jahrhunderten immer gleichgeblieben, trotz aller Besatzungen, die Neapel im Lauf seiner Geschichte hat hinnehmen müssen; gleich und unbeugsam unter den Staufern, den Normannen, den Anjou, den Aragonesen, den Spaniern, den Franzosen, den Österreichern. Die Plebs ist für Neapel nicht nur ein noch ungelöstes und vielleicht unlösbares Problem, sie ist vielmehr der fruchtbare Nährboden, in dem die Stadt ihre Wurzeln, ihr Gedächtnis und ihre Kultur hat; sie ist eine Quelle der Vorstellungskraft und der Phantasie, der Ursprung des Dialekts und der Kanzonen. Aus diesem uralten Boden sind der Charakter der Neapolitaner, ihre Lasten und ihre Tugenden erwachsen.

Jahrhundertelang war die Pasta rigoros weiß: Käse (verfeinert mit Butter und Gewürzen, für jene, die es sich leisten konnten) war der übliche Begleiter. Ebenfalls verbürgt ist die Verwendung von Speck und zuweilen Öl. Die Farbe bleibt aber Weiß. Erst spät sollte die Tomatensoße dies ändern, nicht vor dem 19. Jahrhundert jedenfalls.

MASSIMO MONTANARI

ELSA MORANTE
Die Insel

Die Inseln unseres Archipels dort unten im Meer von Neapel sind alle schön.

Ihr Boden ist zum großen Teil vulkanischen Ursprungs, und besonders in der Nähe der einstigen Krater sprießen Tausende von Blumen wild empor, wie ich sie ähnlich niemals auf dem Festland wiedersah. Im Frühling bedecken sich die Hügel mit Ginster: du erkennst seinen scheuen und schmeichelnden Duft, sobald du dich unseren Häfen näherst, wenn du im Monat Juni vom Meere herüberkommst.

Die Hügel hinan zu den Feldern führen auf meiner Insel einsame

Wege, eingebettet zwischen altertümlichem Gemäuer; dahinter erstrecken sich Obstgärten und Weinberge, die kaiserlichen Gärten gleichen. Auf meiner Insel gibt es verschiedenartigen Strand mit hellem und weißem Sand und andere kleinere Ufer mit Kieseln und Muscheln bedeckt und zwischen großen Felsenklippen verborgen. Auf diesen Klippen, welche wie Türme aus dem Wasser ragen, bauen die Möwen und die Wildtauben ihr Nest, und besonders am frühen Morgen sind ihre Stimmen zu vernehmen, bald klagend, bald wieder heiter. Dort ist an ruhigen Tagen das Meer sanft und frisch und benetzt das Gestade wie Tau. Ach, ich begehre ja nicht, eine Möwe zu sein, auch nicht ein Delphin; ich wäre es zufrieden, eine Stachelkrake zu sein, welche der häßlichste Fisch des Meeres ist, wäre ich nur wieder dort unten, mich zu tollen in jenen Gewässern.

Um den Hafen herum sind alle Wege nur enge, sonnenlose Gäßchen zwischen den bäuerlichen, jahrhundertealten Häusern, welche streng und traurig aussehen, wenngleich sie in den schönen Farben der Muscheln rosa und aschgrau getönt sind. Auf der Brüstung der kleinen, fast wie Schießscharten schmalen Fenster sieht man hin und wieder eine Nelkenpflanze, die aus einer Blechbüchse wächst; oder auch einen winzigen Käfig, der, man könnte meinen, für eine Grille geeignet wäre, aber eine gefangene Turteltaube einschließt. Die Kaufläden sind tief und finster wie Räuberhöhlen. In der Kaffeestube am Hafen gibt es einen Kohlenherd, auf dem die Inhaberin den Kaffee nach türkischer Art kocht, in einer türkisblauen, emaillierten Kaffeekanne. Die Wirtin ist seit etlichen Jahren Witwe und trägt noch immer das schwarze Trauerkleid, das schwarze

Umschlagtuch und schwarze Ohrringe. Die Photographie des Verstorbenen hängt an der Wand neben der Kasse, mit einer Girlande staubiger Blätter umkränzt.

In seiner Schenke, dem Standbild Christi als Fischer gegenüber, zieht der Gastwirt einen Uhu auf – mit einer kleinen Kette ist er an eine Stange gebunden, die oben aus der Wand hervorspringt. Der Uhu hat schwarze und graue weiche Federn, ein elegantes Häubchen auf dem Kopf, azurblaue Lider und große, schwarzumrandete Augen von goldroter Farbe. Einer seiner Flügel blutet beständig, weil er selber ihn fortwährend mit dem Schnabel zerfleischt. Wenn du die Hand ausstreckst und ihn leicht an der Brust kitzelst, neigt er das Köpfchen mit einem verwunderten Ausdruck zu dir herab.

In der Kirche am Hafen, der ältesten auf der Insel, sind Heilige aus Wachs aufgestellt, knapp drei Spannen groß, in Glaskästchen eingeschlossen. Sie tragen Gewänder aus vergilbter echter Spitze, verblichene Mantillen aus leichtem Brokat, echte Haare, und von ihren Handgelenken hängen winzige Rosenkränze aus echten Perlen herab. Auf ihren leichenblassen kleinen Fingern sind die Nägel durch fadendünne Zeichen rot angedeutet.

In unserem Hafen legen fast niemals jene eleganten Sport- oder Segelboote an, welche die anderen Häfen des Archipels so zahlreich bevölkern; du wirst hier außer den Fischerbooten der Inselbewohner nur kleine Nachen und schwere Lastkähne finden. Der weite Hafenplatz erscheint zu vielen Stunden des Tages nahezu verlassen; zur Linken, bei der Statue Christi als Fischer, wartet eine einzige kleine Mietdroschke auf die Ankunft des Kursdampfers, der wenige Minuten bei uns anhält und höchstens drei oder vier Passagiere an Land bringt, meistens Leute von der Insel. Niemals, auch nicht in der schönen Jahreszeit, sind unsere einsamen Strandufer von dem Lärm der Badenden erfüllt, die aus Neapel und aus allen Städten, aus allen Teilen der Welt an den anderen Strandplätzen der Umgebung zusammenströmen. Und wenn zufällig ein Fremder in Procida aussteigt, so wundert er sich, hier nicht jenes buntgemischte, heitere Leben zu finden, Feste und Lustbarkeiten auf den Straßen, Gesang, Mandolinen- und Gitarrenklänge, derentwegen die Gegend von Neapel auf der ganzen Erde berühmt ist. Die Procidaner sind unzugänglich, schweigsam. Die Türen sind stets verschlossen; niemand zeigt sich an den Fenstern; eine jede Familie lebt innerhalb ihrer vier Wände, ohne sich um die anderen Familien zu kümmern. An Freundschaften findet man wenig Gefallen bei uns. Und die Ankunft eines Fremden erweckt nicht

Neugier, sondern eher Mißtrauen. Wenn er Fragen stellt, antwortet man ihm nur ungern; denn die Leute auf meiner Insel lieben es nicht, ausgehorcht zu werden in ihrer eigenen Verschwiegenheit. Sie sind von kleiner Rasse, dunkel, mit schwarzen, länglichen Augen wie die Orientalen. Und man könnte meinen, sie seien alle untereinander verwandt, so ähnlich sind sie einander. Die Frauen leben nach altem Brauch in einer Klausur wie die Nonnen. Viele von ihnen tragen das lange Haar noch aufgesteckt, ein Tuch um den Kopf geschlungen, lange Kleider und, im Winter, Holzpantoffeln über den groben schwarzen Baumwollstrümpfen, während im Sommer manche barfuß gehen. Wenn sie auf bloßen Füßen eilig und geräuschlos vorüberlaufen und den Begegnungen ausweichen, dann sind sie wie wilde Katzen oder wie Marder. Sie gehen niemals zum Strand hinunter; für die Frauen ist es Sünde, im Meer zu baden, und selbst andere baden zu sehen, ist Sünde.

Oft werden in den Büchern die Häuser der altertümlichen Feudalstädte, die in kleinen Gruppen im Tal und an den Abhängen des Hügels verstreut liegen, alle in Sichtweite der Burg, welche sie von der höchsten Kuppe aus beherrscht, mit einer Herde verglichen, die sich rings um ihren Hirten schart. So erscheinen auch in Procida die Häuser – von jenen zahlreichen und dichtgedrängten unten am Hafen bis hinauf zu den vereinzelt dastehenden oben auf den Hügeln und zu den abgelegenen Gehöften in den Feldern – von weitem wirklich einer Herde ähnlich, verstreut zu Füßen der Burg. Diese erhebt sich auf dem höchsten der Hügel, der zwischen den anderen Hügelchen wie ein Berg aufragt, und da sie im Laufe der Jahrhunderte durch überlagerte und hinzugefügte Bauten erweitert wurde, hat sie nun den Umfang einer gigantischen Zitadelle angenommen. Von den Schiffen aus, die auf offener See vorüberfahren, ist von Procida, besonders des Nachts, allein dieser düstere, wuchtige Bau zu sehen; deshalb erscheint unsere Insel wie eine Festung mitten im Meer.

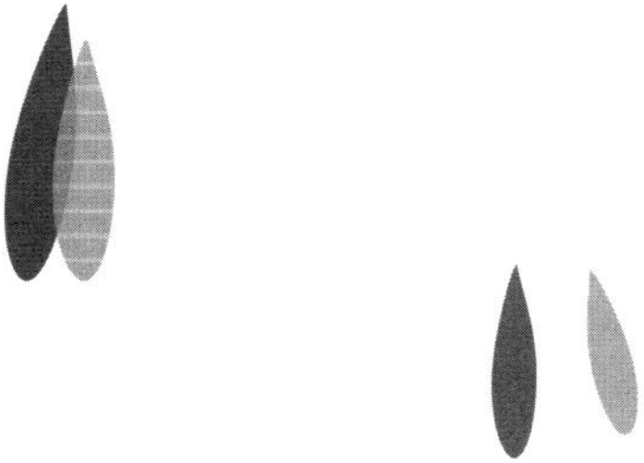

INTERMEZZO
Ein Stück Republik

Im Dezember 1863 war der älteste Enkel zur Marine einberufen worden. Damals war Padron 'Ntoni zu den Notabeln des Dorfs gelaufen, denn sie sind diejenigen, die einem helfen können. Doch Don Giammaria, der Pfarrer, hatte gesagt, es geschehe ihm ganz recht, und das sei das Ergebnis dieser teuflischen Revolution, bei der sie die Trikolore am Kirchturm aufgehängt hatten. Hingegen lachte Don Franco, der Apotheker, in seinen langen Bart und schwor ihm händereibend, wenn sie es schafften, ein Stück Republik einzuführen, würden alle, die die Einberufung und die Erhebung der Steuern betrieben, mit Fußtritten in den Hintern davongejagt, und Berufssoldaten werde es keine mehr geben, sondern alle miteinander würden, wenn nötig, in den Krieg ziehen. Da flehte ihn Padron 'Ntoni an, er solle sich doch um der Liebe Christi willen mit der Republik beeilen, bevor sein Enkel 'Ntoni einrücken müsse, so als hätte Don Franco das in seiner Hand.

Giovanni Verga

MICHELA MURGIA
Wir haben in derselben Straße gespielt

Auf diese Weise findet man in Crabas wahre Geschwister, denn von derselben Mutter geboren zu sein, hat noch niemals Zugehörigkeit gestiftet, nicht einmal unter Katzen. Geheiligt werde der Respekt für das Fleisch von unserem Fleische, doch die Straße und die Tatsache, zusammen gespielt zu haben, schmiedet die Kinder durch festere Bande zusammen, die bis ins Erwachsenenalter halten. Zeugung ist nichts, was sich von selbst versteht. Das Blut folgt verschlungenen Wegen, und darum glaubt kein Kind ernsthaft daran, dass ein gemeinsamer Familienname auch Garant für einen gemeinsamen Ursprung ist.

Wie man geboren wurde, das muss man sich mehrfach erklären lassen, und vermutlich deshalb versuchen viele Erwachsene ihr Leben lang, sich von der zufälligen Verwandtschaft zu befreien und sie durch eine andere, durch pure Willensakte angenommene, zu ersetzen. So werden Trauzeugen zu Brüdern. Patenonkel und Patentanten der eigenen Kinder werden zu Gelegenheitseltern.

Gefährten und Gefährtinnen finden sich zu Beginn jedes Sommers, in der Johannisnacht, wenn die ganze Insel im Widerschein der vielen Feuer leuchtet, die man Hand in Hand überspringt, um eine Verwandtschaft zu stiften, die keiner Mutter etwas schuldig ist. Ganze Stammbäume sprießen aus Feuer und Wein, aus Schuld und Weihwasser. Doch nicht einmal diese uralten Rituale binden die Erinnerung des Herzens so sehr wie die gemeinsamen Kinderspiele auf der Straße.

Welche Familienbande könnten es mit gewissen Sommernachmittagen aufnehmen, an denen man zum ersten Mal unter dem Jubel der Spielkameraden einen Ball ins Tor schoss oder eine Riesenlibelle befreite, die sich in einem Schmetterlingsnetz verfangen hatte? Was kann der Ruf des eigenen Blutes ausrichten gegen das Bewusstsein, Auslöser für das erste blutige Knie eines Freundes zu sein? Kein Weihnachtsfest im Kreis der Familie behauptet sich in der Erinnerung gegen den Wind im Gesicht bei bestimmten freihändigen Abfahrten auf dem Fahrrad, gegen die Lichtreflexe auf dem dunklen Zopf des schönsten Mädchens im Dorf oder die glühende Scham, mit der man gemeinsam, sprachlos und schweigend, eine im Gebüsch gefundene Erwachsenenzeitschrift durchblätterte. Aus dieser verlorenen Unschuld entsteht der geheime

Pakt der wahren Komplizenschaft, die maßgebliche Kraft der ersten gemeinsamen Gewissheiten, die keine Familie außer Kraft setzen kann.

In den Cafés hört man so tatsächlich manch Erwachsenen reden, Männer, die vom Leben schon tausendmal belohnt und enttäuscht worden sind und die sich gegenseitig noch immer der kindlichen Verbindungen von der Straße versichern wie einer gemeinsamen Geburt – *Wir haben zusammen gespielt.*

Wir verbringen die Hälfte unseres Lebens damit, uns über das lustig zu machen, woran andere glauben, und die andere Hälfte damit, an das zu glauben, worüber andere sich lustig machen.

STEFANO BENNI

LUIGI MALERBA
Ein kalabrisches Huhn

Ein kalabresisches Huhn beschloß, Mitglied der Mafia zu werden. Es ging zu einem Mafia-Minister, um ein Empfehlungsschreiben zu bekommen, aber dieser sagte ihm, die Mafia existiere nicht. Es ging zu einem Mafia-Richter, aber auch dieser sagte ihm, die Mafia existiere nicht. Schließlich ging es zu einem Mafia-Bürgermeister, und auch dieser sagte ihm, die Mafia existiere nicht. So kehrte das Huhn in den Hühnerhof zurück, und auf die Fragen seiner Mithühner antwortete es, die Mafia existiere nicht. Da dachten alle Hühner, es sei ein Mitglied der Mafia geworden, und fürchteten sich vor ihm.

INTERMEZZO
Schon Herodes war dagegen

Die Italiener werden also langsam weniger; nein, sie wandern nicht aus; auch ist das Blutbad noch nicht zum Wochenendhobby geworden, obschon sich mancher darin versucht; sie werden nicht in den Himmel aufgenommen, obgleich es in Italien nicht an erprobten und garantiert sicheren Wegen dorthin mangelt. Sie kommen, ganz einfach, weniger zur Welt. Die Kreißsäle sind nun ruhige, erholsame Stätten; die Entbindungsheime dösen vor sich hin; die Hebammen erfreuen sich stundenlangen Müßiggangs.

Man kommt nicht zur Welt. Man entbindet selten und mit Umsicht. Die Schwangerschaften haben Stil, sind zu etwas Elegantem, Rarem, ja Luxuriösem geworden; die Schwangeren weisen mit Stolz und Diskretion auf ihren Zustand hin, und wenn sie Gelegenheit haben, geben sie nicht ohne Koketterie im Fernsehen davon Nachricht, beinahe als wollten sie hervorheben, daß es sich um einen zwar genialen, aber immerhin ökologisch einwandfreien Einfall handle.

Auch bei den Pandas kommt man wenig zur Welt. All das gefällt mir, denn es suggeriert ein völlig neues Italienbild. Wir haben zwar immer noch den Vesuv, den schiefen Turm, das Kolosseum und den römischen Lammbraten; aber den archaischen, pompösen Mythos der Mutter mit zwölf Kindern, der Gebärerin, die jedes Jahr einen winzigen Italiener erzeugte, haben wir nicht mehr. Erinnert ihr euch noch an die Zeiten von »Zahl ist Stärke«? Die Zeiten der italienischen MÜTTER mit den düster patriotischen Lenden und den nie versiegenden Schößen voll vermeintlicher Regimenter oder zukünftiger, ebenso fruchtbarer Mütter? Der finstere Beigeschmack der Scholle haftete an dieser Vorstellung Italiens, sie roch nach Bauernhof. Keine schöne Vorstellung Italiens, die Mutterschaft hatte etwas Zwanghaftes, Neurotisches an sich, entbinden war wie ein nervöser Tick, die Schwangerschaft ein Normalzustand, so wie man eine bestimmte Haarfarbe hat oder etwa einen mundartlichen Tonfall. Nun werden die Mütter eine seltenere, wohl auch kostbarere Spezies; und wenn auch eine vernünftige Anzahl von Kindern als fröhlich und dekorativ gilt, so wird man jene Verschwendung, jenes Übermaß, das an arme Leute erinnert, die im Lotto gewonnen haben, und das schon Herodes energisch ablehnte, in Zukunft vermeiden.

Ich hoffe, niemand wird auf die Idee kommen, den Frauen Geld anzubieten, damit sie weitere Schwangerschaften akzeptieren; irgendwo gibt es das ja schon, aber bei uns, glaube ich, verstieße es gegen den guten Ton. Man würde es als Beleidigung auffassen. Als würde man jemanden bezahlen, damit er unmäßig trinkt oder bei Rot über die Straße geht; das ist nicht freundlich, würde man sagen, nicht vornehm. Jede wahre Dame weiß, eine Schwangerschaft ist schön und eine zweite neigt schon zum Pompösen; aber das mag genügen: Eine echte Perlenkette ist ein Wunderding, aber mehr als zwei sind stillos. Anspruchsvollere Clubs weisen Mütter von vier Kindern liebenswürdig ab. »Nur Erstgebärende«. Welcher Friede.

Giorgio Manganelli

ANDREA CAMILLERI
Der falsche Arzt

Zur Zeit des Spanischen Bürgerkriegs war ich ungefähr zehn Jahre alt, und weit draußen auf dem Meer, vor meiner Heimatstadt Porto Empedocle fuhren oft sowjetische Handelsschiffe vorüber. Sie hatten Lebensmittel und Medikamente geladen, die sie zu den spanischen »Roten« transportierten. Gelegentlich gerieten sie in Seesperren der italienischen Kriegsmarine und mußten langwierige Durchsuchungen über sich ergehen lassen, bei denen festgestellt werden sollte, ob in den Laderäumen Waffen gehortet waren.

Eines Nachts brach ein Gewitter los, das nichts Gutes verhieß. Ein wütender Sturm peitschte die Wellen haushoch, offenbar in der Absicht, die gesamte Stadt mit sich ins Meer zu reißen. Im schrecklichsten Augenblick dieses Unwetters erreichte die Hafenkommandantur eine dringende Bitte, die von einem wenige Meilen entfernt ankernden sowjetischen Schiff kam: man hatte einen Kranken an Bord und bat um einen Arzt. Die Kommandantur ließ den Amtsarzt wecken, Gino M., und teilte ihm mit, man brauche ihn auf See. Der Arzt versteinerte, er fühlte sich völlig verloren: es war allgemein bekannt, daß er leicht seekrank wurde, und zwar in – wenn man so sagen kann – extremer Weise. Einmal nämlich, als sein Blick auf ein Bild »Stürmische See« fiel, mußte er sich auf der Stelle übergeben. Was tun? Er dachte hin und dachte her, schließlich fand er eine Lösung, die ihm äußerst geeignet erschien. Er ging meinen Vater wecken, der ein Verwandter und ein brüderlicher Freund war.

»Peppino, ich kann nicht, versuch' mich zu verstehen. Ich würde mehr tot als lebendig an Bord gelangen, und man müßte einen Arzt auch für mich rufen lassen.«

»Versteh' schon. Aber was kann ich in der Sache tun?«

»Du bist ein mutiger Mann, du hast keine Angst vor dem Meer. Fahr' du an meiner Stelle, sag' ihnen, du wärst der Arzt, schließlich kennen die ja weder dich noch mich. Das sind Russen.«

»Was heißt hier schon Russen? Auch wenn's Ostgoten wären, würde ich nicht fahren. Was versteh' ich denn von Kranken und Krankheiten?«

»Da gibt es nichts zu verstehen. Du untersuchst den Kranken ...«

»Bist du verrückt geworden? Ich hab' dir doch gesagt, daß ...«

»Laß mich ausreden. Du untersuchst ihn genau so, wie du es schon hundertmal bei mir gesehen hast. Dann schüttelst du den Kopf, breitest die Arme aus, sagst, daß du ihn auf dem Schiff nicht behandeln könntest, daß er ins Krankenhaus von Agrigent gebracht werden muß. Ihr bringt ihn aufs Boot, und am Kai findet ihr einen Wagen, der ihn abtransportiert.«

Der Gewittersturm hatte unterdessen noch zugenommen. Von der Straße her hörte man Rufe, daß im Hafen ein Schiff aus seiner Vertäuung gerissen worden sei.

»Ist dir bewußt, daß man bei so einem Meer draufgehen kann?«

»Draufgehen oder nicht, ich muß als Arzt meiner Pflicht nachkommen«, sagte Gino M. heiteren Mutes und mit beispiellos dreistem Gesichtsausdruck.

»Erklär' mir wenigstens, wie das Stethoskop funktioniert«, gab sich mein Vater daraufhin geschlagen.

Er packte das Ärzteköfferchen, verließ fluchend das Haus und ging seinerseits den Freund Cicco Di Mare wecken, der, ganz seinem Namen entsprechend, ein hervorragender Seemann war und Eigner und Kapitän eines kleinen Motorfischerbootes. Cicco Di Mare wies lediglich darauf hin, daß die Sache ziemlich schwierig sei, schreckte aber nicht davor zurück. Sie stiegen ins Boot und lichteten die

Anker: mein Vater am Ausguck des Bugs, der Maschinist unter Deck und Cicco am Steuerruder. Die Wucht des Meeres warf das Boot hin und her, Di Mare hatte Mühe, den Kurs zu halten. Das eigentlich Schwierige kam, als sie ungefähr eine Stunde später unterhalb des sowjetischen Schiffs eintrafen, und die Gefahr bestand, daß die Wellen das kleine Motorfischerboot gegen die Schiffswand schleuderten. Die russischen Matrosen standen allesamt an Deck und hatten eine Strickleiter heruntergelassen: nach ungefähr zehn Versuchen gelang es meinem Vater hinaufzuklettern, ohne sich den Kopf zu zertrümmern. Der Regen und das Meer hatten ihn völlig durchgeweicht. Der russische Kommandant stürzte auf ihn zu, umarmte ihn, küßte ihn dreimal und führte ihn in die Kabine des Kranken. Mein Vater brauchte kein Doktorexamen in Medizin, um auf der Stelle überzeugt zu sein, daß es dem armen Kerl wirklich schlecht ging, daher kürzte er die Theatervorstellung ab: er fühlte seinen Puls, schaute sich seine Zunge an, gab ihm das Thermometer. Vierzig und etwas. Nicht einmal eine halbe Stunde später wurde der arme Kerl, vollkommen in eine Wachsplane gehüllt, unter großen Schwierigkeiten auf das Fischerboot verfrachtet, das Cicco Di Mare mit Steuermanövern unter Kontrolle zu halten versuchte.

Die Rückkehr war noch schlimmer als die Hinfahrt, der Sturm wollte sich nicht legen. Endlich gelangten sie an den Kai, wo das Auto auf sie wartete.

Am nächsten Morgen ging Gino M. unter Gewissenszweifeln ins Krankenhaus und beredete sich mit seinen dortigen Kollegen, welche ihm, nachdem sie ihn zu seinem in der vorhergehenden Nacht bewiesenen Mut beglückwünscht hatten, mitteilten, daß der Kranke aufgrund seiner, Gino M.s, rechtzeitiger Untersuchung durchkommen würde.

Damit schien die Sache ihr Ende gefunden zu haben. Doch das Schlimmste sollte erst noch kommen.

Eine Woche später untersuchte der Arzt gerade einen Patienten, als die Krankenschwester hereinkam.

»Bitte entschuldigen Sie, Herr Doktor, aber da sind zwei Herren, der eine mit einem Photoapparat, der andere sagt, er sei Russe, der…«

Das Wort »Russe« wirkte wie eine Zauberformel. Der Arzt verschwand durch die Hintertüre, ohne seinen Kittel auszuziehen. Der Patient in Unterhosen blickte die Krankenschwester entsetzt an.

»Was ist, soll ich warten?«

»Wohl eher nicht.«

Mein Vater sah, wie die Türe zu seinem Büro aufflog und der Freund verwirrt und noch im Arztkittel auftauchte. Mein Vater war besorgt.

»Was ist los? Was ist passiert?«

»Wir sind verloren. Die Russen sind da!«

Um es kurz zu machen: eine Viertelstunde später sagte mein Vater, der durch die Hintertüre eingetreten war und den Arztkittel anhatte, zu der in den Zustand einer Nachtwandlerin versetzten Krankenschwester, sie möge doch die Besucher hereinführen. Der Russe stellte sich als der Italienkorrespondent der *Prawda* vor. Er wollte den Lesern über die heldenhafte Rettung des Landsmannes erzählen und erklärte, daß der Gerettete kein einfacher Matrose war, sondern ein politischer Kommissar, der in der Parteihierarchie ganz oben stehe. Mein Vater hörte still zu und nahm die entsprechende Haltung an, er ließ sich interviewen und photographieren, gab sich ein bescheidenes Auftreten, wie ein echter Held. Schließlich gingen die beiden fort, und mein Vater streckte sich erschöpft in einem Sessel aus: im Verlauf des Interviews war ihm nämlich eingefallen, daß er, wenn der Russe ihn nach Einzelheiten der Krankheit des Kommissars gefragt haben würde, nicht gewußt hätte, was er hätte sagen sollen.

Drohend kam die Krankenschwester herein.

»Entweder erklären Sie mir jetzt, was hier gespielt wird, oder ich hole auf der Stelle die Carabinieri.«

Glücklicherweise kam der Arzt dazu, der in der Nähe herumgeschlichen war, und ihm gelang es, sie zu beruhigen.

Plötzlich, einen Monat später, schien es wieder zu einer Katastrophe zu kommen.

»Da ist wieder so ein Russe«, sagte die Krankenschwester untröstlich zum Arzt. »Er hat mir zu verstehen gegeben, daß er der ist, dem Sie das Leben gerettet haben. Was mach' ich mit ihm?«

»Laß ihn warten«, sagte Gino, verschwand wie beim ersten Mal und materialisierte sich erst wieder im Büro meines Vaters.

»Peppino, der Russe ist da.«

»Heh, das geht einem nun wirklich über die Hutschnur!« platzte mein Vater heraus. »Wie viele Russen gibt es denn noch?«

»Peppino, kommen wir über den Hund, kommen wir auch über den Schwanz. Der hier ist der, den ich gerettet habe.«

Die Vorstellung – inzwischen immer wieder geprobt – gelang meinem Vater diesmal hervorragend: im Arztkittel ging er ins Vorzimmer, umarmte seinen Pseudopatienten, und dieser küßte ihn, mit Tränen in den Augen, dreimal. Auch die Krankenschwester war gerührt. Dann, einen Augenblick, bevor er wieder ging (er fuhr nach Rom und von da aus weiter nach Moskau), hinterließ er seine

Adresse und sagte zu meinem Vater, daß er ihn gleich nach seiner Rückkehr ins Vaterland für einen Verdienstorden vorschlagen werde.

An diesem Punkt nun bekam die Angelegenheit etwas Gefährliches: die Sache würde bekannt und die Auswechslung der Personen könnte nicht weitergeführt werden. Nach zwei schlaflosen Nächten schrieb der Arzt dem Russen ein edelmütiges Brieflein (diesmal weigerte sich mein Vater allerdings mitzumachen), in dem er ihn anflehte, diese Auszeichnung seiner Regierung nicht vorzuschlagen.

»Getreu meinem Hippokratischen Eid«, so schloß er, »habe ich in aller Bescheidenheit nur meine Pflicht getan.«

In der Sowjetunion hatte die Sache keine weiteren Folgen mehr. In Italien dagegen schon.

»Sind Sie Dottor Giovanni M.?« fragte ein paar Tage später eine herrische Stimme am Telefon.

»Ja.«

»Ich bin der Verbandsführer. Kommen Sie morgen früh um sieben ins Faschistische Verbandshaus. Pünktlich.«

Dem Arzt brach der kalte Schweiß aus. Vor kurzem hatte er im Verein ein paar Witze über den Duce erzählt. Sollte es da ein so hinterhältiges Schwein geben, das es gleich weitergemeldet hatte?

Er verbrachte eine unruhige Nacht. Am nächsten Morgen präsentierte er sich, nach langem Hin und Her, in faschistischer Uniform, salutierte und blieb stramm stehen.

»Ihr habt einen kommunistischen Politkommissar gerettet?« fragte ihn der Verbandsführer und zeigte mit einem Finger auf ihn, und das sah aus, als wäre der Lauf eines Revolvers auf ihn gerichtet. Der Arzt, im Glauben, jetzt sei die Stunde der Buße angebrochen, nahm alle seine Kräfte zusammen.

»Ja«, flüsterte er.

»Das Pressebüro der Partei hat mir die Dokumentation zugestellt«, fuhr das hohe Faschistentier fort. »Erkennen Sie sich auf diesem Photo der *Prawda* wieder?«

Und er hielt ihm die Zeitung hin. Der Arzt sah es sich genau an: glücklicherweise war das Photo verschwommen, die Gesichtszüge konnte man nicht gut erkennen.

»Ja.«

»Großartig!« sagte der Verbandsführer. »Genau so verhält sich ein echter Faschist! Großherzig und der Gefahr trotzend! Ich werde Sie für eine bedeutende Auszeichnung vorschlagen!«

Aber weil es auch eine göttliche Gerechtigkeit gibt, hat den Arzt Gino M. diese Auszeichnung nie erreicht.

AUTOREN UND QUELLEN

GIORGIO BASSANI, geboren 1916 in Bologna, starb 2000 in Rom. – *Die Passeggiata* (Titel d. Hg.), aus ›Der Spaziergang vor dem Abendessen‹ in »Ferrareser Geschichten«, © 2007 Verlag Klaus Wagenbach, Berlin. – Übersetzt von Herbert Schlüter.
RAFFAELE LA CAPRIA, geboren 1922 in Neapel, lebte bis zu seinem Tod 2022 in Rom. – *Die Napoletaner* (Titel d. Hg.) aus »Neapel. Eine lierarische Einladung« (Hg. Dieter Richter), © 2023 Verlag Klaus Wagenbach, Berlin. – Übersetzt von Moshe Kahn.
ANDREA CAMILLERI, geboren 1925 in Porto Empedocle (Agrigento), starb 2019 in Rom. – *Der falsche Arzt* erscheint hier mit freundlicher Genehmigung des Autors. – Übersetzt von Moshe Kahn.
CARLO M. CIPOLLA, geboren 1922 in Pavia und 2000 dort gestorben, ist einer der bedeutendsten Wirtschaftshistoriker. Schluss mit dem Handel (Titel d. Hg.) aus »Allegro ma non troppo«, © 2001 Verlag Klaus Wagenbach, Berlin. – Übersetzt von Moshe Kahn.
MARIO DESIATI, geboren 1977 in Locorotondo (Apulien), lebt in Rom, Berlin und seinem Heimatort Marina Franca. – *Sehnsucht nach Apulien* (Titel d. Hg.) aus dem Roman »Zementfaser«, © 2012 Verlag Klaus Wagenbach, Berlin. – Übersetzt von Annette Kopetzki.
UMBERTO ECO, geboren 1932 in Alessandria, lehrte bis 2007 als Professor für Semiotik an der Universität von Bologna, starb 2016 in Mailand. – *Welche Schande, wir haben keine Feinde!* aus »Mein verrücktes Italien«, © 2000 Verlag Klaus Wagenbach, Berlin. – Übersetzt von Burkhart Kroeber.
CARLO EMILIO GADDA, geboren 1893 in Mailand, starb 1973 in Rom. – *Urväterrisotto. Rezeptur* aus »Die Wunder Italiens«, © 1998 Verlag Klaus Wagenbach, Berlin. – Übersetzt von Toni Kienlechner.
NATALIA GINZBURG, geboren 1916 in Palermo, starb 1991 in Rom. *Die kaputten Schuhe* aus »Die kleinen Tugenden«, © 1989 Verlag Klaus Wagenbach, Berlin. – Übersetzt von Maja Pflug und Alice Vollenweider (Winter in den Abruzzen).
GIACOMO LEOPARDI, geboren 1798 in Recanati (Marken), gestorben 1837 in Neapel. – *Gebräuche und Sitten der Italiener* (Titel d. Hg.) aus »Abhandlung über den gegenwärtigen Zustand der Sitten der Italiener«.
DAVIDE LONGO, geboren 1971 in Carmagnola bei Turin, wo er auch lebt. – *Aus den piemontesischen Bergen* (Titel d. Hg.) aus »Der

Steingänger«, © 2016 Rowohlt Verlag GmbH, Reinbek bei Hamburg. – Übersetzt von Suse Vetterlein.
MARIO LUZI, geboren 1914 in Florenz, starb 2005 ebenda.
Der Monte Amiata aus »Italienische Reise« (Hg. Alice Vollenweider), © 1985 Verlag Klaus Wagenbach, Berlin. – Übersetzt von Maja Pflug.
LUIGI MALERBA, geboren 1927 in Berceto bei Parma, starb 2008 in Rom. – *Sightseeing in Rom* aus »Taschenabenteuer«, © 1985 Verlag Klaus Wagenbach, Berlin. – Übersetzt von Iris Schnebel-Kaschnitz. – *Ein kalabrisches Huhn* aus »Die nachdenklichen Hühner«, © 1984 Verlag Klaus Wagenbach, Berlin. – Übersetzt von Elke Wehr.
GIORGIO MANGANELLI, geboren 1922 in Mailand, starb 1990 in Rom. – *Schon Herodes war dagegen* aus »Lügenbuch«, © 1987 Verlag Klaus Wagenbach, Berlin. – Übersetzt von Alice Vollenweider.
FRANCESCA MELANDRI, geboren 1964 in Rom, lebt in Rom und Berlin. – *Option* (Titel d. Hg.) aus »Eva schläft«, © 2018 Verlag Klaus Wagenbach, Berlin. – Übersetzt von Bruno Genzler.
ELSA MORANTE, geboren 1912 in Rom, starb dort 1985. – *Die Insel* (Titel d. Hg.) aus »Arturos Insel«, © 2023 Verlag Klaus Wagenbach, Berlin. – Übersetzt von Susanne Hurni-Maehler.
MICHELA MURGIA, geboren 1972 in Cabras, Sardinien, starb 2023 in Rom. – *Wir haben in derselben Straße gespielt* aus »Murmelbrüder. Eine Geschichte aus Sardinien«, © 2014 Verlag Klaus Wagenbach, Berlin. – Übersetzt von Julika Brandestini.
PIER PAOLO PASOLINI, geboren 1922 in Bologna, wurde 1975 in Ostia ermordet.
Der pfeifende Bäckerjunge (Titel d. Hg.) und *Von den Glühwürmchen* (Titel d. Hg.) aus »Freibeuterschriften«, Berlin 1978, 1998. – Übersetzt von Thomas Eisenhardt.
TIZIANO SCARPA, geboren 1963 in Venedig, lebt in Mailand und Venedig.
Den Venezianer machen (Titel d. Hg.) aus »Venedig ist ein Fisch«, © 2003, 2024 Verlag Klaus Wagenbach, Berlin. – Übersetzt von Olaf Matthias Roth.
GIOVANNI VERGA, geboren 1840 in Catania und dort in seinem Geburtshaus 1922 gestorben.
Ein Stück Republik (Titel d. Hg.) aus »Die Malavoglia«, © 2022 Verlag Klaus Wagenbach, Berlin. – Übersetzt von Anna Leube.

NOCH MEHR DaCapo

Ermanno Cavazzoni *Idioten!*

Ein fabelhaftes Fabelbuch aus Italien, voller Sprichwörter und Lebensweisheiten.

Aus dem Italienischen von Marianne Schneider

Natalia Ginzburg *Drei kleine Tugenden*

»Insgesamt wird das Kaninchen unterschätzt«, schrieb Klaus Wagenbach über das Wappentier des Verlags. Es ist verschmitzt und schlau, es buddelt gern und hat kurze Ohren, es vermehrt sich unbändig und heiter, hat gute Sitten, ist angenehm und gesellig.

Aus dem Italienischen von Maja Pflug

Amore! *Liebesgeschichten*

Geschichten von der Liebe – voller Überraschungen und unerwarteter Wendungen, erzählt von großen italienischen Autorinnen und Autoren.

Weihnachten *Geschichten aus Italien*

Da macht Weihnachten gute Laune: Geschichten von Natalia Ginzburg, Luigi Malerba, Andrea Camilleri, Leonardo Sciascia und vielen anderen.

IM VERLAG KLAUS WAGENBACH

Erich Fried

Sechs Bände mit den hingebungsvollsten, leidenschaftlichsten, zartesten, klügsten und schonungslosesten Gedichten von einem der meistgelesenen deutschen Lyriker über:

LIEBE – LUST – FREIHEIT – WIDERSTAND – KLARTEXT und SEHNSUCHT

Jeder Band in schöner Steifbroschur, mit farbig bedrucktem Strukturpapier kaschiert und durchgefärbtem Vorsatzpapier. Je 80 Seiten

Wenn Sie mehr über den Verlag und seine Bücher wissen möchten, schreiben Sie uns eine Postkarte oder elektronische Nachricht (mit Anschrift und E-Mail). Wir informieren Sie dann regelmäßig über unser Programm und unsere Veranstaltungen.

Verlag Klaus Wagenbach   vertrieb@wagenbach.de

Die Reihe DaCapo wird herausgegeben
von Susanne Schüssler.

Der Verlag bedankt sich bei den auf Seite 76/77
genannten Autoren, Verlagen und Rechte-
inhabern für die freundliche Genehmigung des
Abdrucks.

MIX
Papier | Fördert
gute Waldnutzung
FSC www.fsc.org
FSC® C014889

© 2024 Verlag Klaus Wagenbach
Emser Straße 40/41, 10719 Berlin
www.wagenbach.de

Umschlaggestaltung Julie August. Gesetzt aus
der Futura. Vorsatz- und Bezugsmaterial von
peyer graphic, Leonberg. Gedruckt bei Pustet,
Regensburg. Printed in Germany. Alle Rechte
vorbehalten

ISBN 978 3 8031 3372 4

10 ; 24/8